# Tagwerk eines Narzissten

Von Joachim Tritschler

Auflage 1 im Jahr 2019
@ alle Rechte vorbehalten
Autor: Joachim Tritschler
kontakt@joachim-tritschler.de
www.joachim-tritschler.de

# Inhaltsverzeichnis

**Vorwort**

**Schorschi ist da.**

**Schorschi wird eingeschult.**

**Der Ernst des Lebens beginnt.**

**Schorschi in leitender Position.**

**Erwachsen werden ist unmöglich.**

**Das neue Beuteschema**

**Frust, Diäten, Einsamkeit und Rauchentwöhnung**

**Im Alltag nichts Neues.**

**Plötzlich ganz alleine**

**Wie geht die Familie damit um?**

**Altersvorsorge, ja oder nein?**

**Änderungen hinsichtlich des Alters?**

**Und dann wurde es schlimmer.**

**Vorwort**

Der Narzisst als Wesen

Ein Narzisst wird nicht immer sofort erkannt. Er gilt in der Regel als freundlicher Mensch mit positiver Ausstrahlung und meist einem Lächeln auf dem Gesicht. Seine Fassade eignet sich bestens dafür, die Menschen sehr schnell für sich zu gewinnen. Sein manipulatives Wesen wird nicht sofort erkannt.

Er ist in der Lage den Menschen, die ihn umgeben, seinen eigenen Willen und seine Meinung so zu verkaufen, als ob es alleine ihre eigene Ansicht wäre. Ein Narzisst ist also auch immer ein perfekter Manipulator. Eine eigene Meinung hat er in der Regel nicht, sondern eignet sich die gerade greifbare Meinung anderer, die in zu sein scheint an und verbreitet diese danach als seine Ansicht. Um zu gewährleisten dass er immer Rückenwind hat, ist er auch bereit, diese Meinung alle fünf Minuten zu ändern, falls das erforderlich sein sollte.

Wenn sein wahres Wesen zutage tritt und damit öffentlich wird, ist der Schaden meist schon angerichtet. Ihm liegt ausschließlich an Aufmerksamkeit und er möchte im Mittelpunkt stehen. Negative Kritik gibt es für ihn nicht. Alles was ihn in den Mittelpunkt des Geschehens rückt, ist positiv.

Wenn es aber nicht nach seinem Willen geht, verhält er sich wie ein kleines Kind, dem man das Spielzeug weggenommen hat. Ab hier ist es ihm dann auch egal, ob andere Personen durch sein unüberlegtes Handeln zu schaden kommen.

## Schorschi ist da

Es hat einige Jahre gedauert, aber nun ist Schorschi als drittes Kind in der Familie angekommen. Er hat einen wachen Blick und zieht schon als Baby alle Blicke auf sich. Schon während dieser Zeit kapiert er schnell, wenn sich alle Leute drum herum ihm zuwenden. In dieser frühkindlichen Phase geht man davon aus, dass sein Verhalten auf ein sehr intelligentes Kind hinzuweisen scheint. Auch bei seinen zwei älteren Geschwistern steht er schnell und gerne im Mittelpunkt. Er entwickelt sich vollkommen normal und es deutet nichts auf eine Krankheit oder psychische Veränderungen hin. Die Zeit vergeht und Schorschi kommt in den Kindergarten. Mittlerweile ist er nicht mehr der Jüngste in der Familie. Er hat noch Zwillinge als weitere Geschwisterchen dazubekommen. Dass er nun plötzlich nicht mehr alleine im Mittelpunkt stand passte ihm überhaupt nicht. Hier und da ist er bereits in der Lage Unfrieden zu stiften. Aber aufgrund seines jungen Alters wird das als harmlos abgetan. Sein anfangs als aufgeweckter Blick definiertes Lächeln war bereits jetzt nicht mehr verschmitzt, sondern seine Augenwinkel zeigten bereits in diesem Alter von drei Jahren eine gewisse hinterlistige verschlagene Ader. Sehr früh war er in der Lage sein Verhalten den gerade aktuellen Geschehnissen anzupassen. Passte es ihm in den Kram, war er freundlich und lächelte mit einem Blick, dem kaum jemand widerstehen konnte. Lief es nicht so wie er wollte, dann war er bereits jetzt in der Lage Schaden anzurichten. Und wenn es nur das kaputte Spielzeug des Spielkameraden war das dieser gerade noch nutzte und er jetzt zerstört hatte. Es sind die Ersten, wenn auch kleinen Anzeichen einer Entwicklung die später die vorhandene Persönlichkeitsstörung zum Vorschein bringen wird. Aber um auch bei anderen Kindern zu erreichen was er gerne wollte, war er jetzt schon in der Lage sich richtig in Szene zu setzen. Wenn er etwas nicht bekommt, wird er zornig, wenn auch nicht lange und sucht jetzt schon nach Gelegenheiten andern Kindern eines auszuwischen, obwohl das meist noch als spielerisch kindliches Verhalten interpretiert wird. Dass es trotz alledem keine Einzelfälle waren und er schon jetzt im kindlichen Alter angefangen hat, dies zu wiederholen fand wohl wenig Beachtung. Rückblickend betrachtet wird aber dort schon sein narzisstisches Wesen sehr deutlich.

**Schorschi wird eingeschult**

Es ist endlich soweit. Der Tag der Einschulung ist da. Ein Fest für alle Kinder aber insbesondere für unseren kleinen Kandidaten hier. Es ist zwar ein Fest für jeden, aber für ihn ist nur wichtig, dass er bei seinen Leuten alleine im Mittelpunkt steht. Außerhalb der Schule sieht es ähnlich aus. Da er sportlich über keinerlei besondere Talente verfügt, steht er da eben meist daneben und meckert dort schon bei Dingen die ihm missfallen, ohne dass er selbst eine Ahnung davon hat. Der Grundstein seines Wesens ist also gelegt. Und wie das weitergehen würde, war zu diesem Zeitpunkt nicht abzusehen. Aber auch in der Schule wird sehr schnell klar, dass die in Kindertagen vermutete hohe Intelligenz nicht die ist, welche man zu hoffen glaubte. Obwohl er denselben Unterricht hatte wie seine Schulkameraden, zeigte sich doch ein deutlicher Unterschied in der Leistungsfähigkeit. Und es war eine gesunde Mischung aus Faulheit, fehlender Intelligenz und Arroganz, die sich zu dieser Zeit schon zeigte. Rechtschreibung war schon während der Grundschule nicht sein Steckenpferd.

Ein Diktat nach dem anderen mit fünfzig bis siebzig Fehlern waren ein Standard. Hilfestellungen durch gesonderte Fachkräfte blieben erfolglos. Teilweise wurde er auch separat zurechtgewiesen. Es lag nahe dass es nicht alleine an fehlender Begabung, sondern auch an seiner extremen Faulheit liegen musste. Diese trat immer sehr deutlich in den Vordergrund. Dass er dies auch von den Eltern vorgeworfen bekam, passte ihm gar nicht. Und aus reinem Trotz gab es keine Anpassung des eigenen Verhaltens, sondern eher das Gegenteil. Je mehr Kritik an seinen Leistungen geübt wurde, desto schlimmer wurden diese. Aber auch bei den Rechenaufgaben war er keine Leuchte. Er kam so eben durch das Schuljahr aber eine Aussicht auf weiterführende schulische Ausbildung konnte sehr schnell vergessen werden. Dies stand bereits mit Anfang der dritten Schulklasse fest. Es war also in der Grundschule schon schwierig ihn für etwas zu begeistern, wofür Fleiß gebraucht wird. Aber auch bei Fremdsprachen war Schorschi kein helles Licht. Er stand meist in der letzten Reihe, wenn bildungsrelevante Talente mit dem Löffel vergeben wurden. Einziger Hoffnungsschimmer waren schon in früher Kindheit deutlich sichtbare handwerkliche Talente. Er war als kleines Kind in der Lage unterschiedliche Bastelarbeiten perfekt zu machen. Bei Hilfen zuhause oder Reparatur von Geräten war das schon sehr früh der Fall. Ihm einmal etwas Handwerkliches erklären reichte aus und er hatte es kapiert. Was aber als Kind schon gegenüber allen anderen Kindern herausragend war, zeigte sich in seinem übersteigerten Selbstbewusstsein oder auch Ego. Worauf er bei sich so besonders stolz war, wusste bei schulischen Leistungen zwar keiner. Aber er ließ keine Gelegenheit aus, sich in den Mittelpunkt aller Leute um ihn herum zu stellen, wenn sich eine Gelegenheit dazu bot. Wenn andere

Kinder, aus welchen Gründen auch immer in den Mittelpunkt gerückt sind, drehte er beinahe durch. Das zeigte sich nicht nur in schlechter Laune, sondern auch in der Tatsache, dass er schon jetzt einen Grund suchte, es diesen Kindern bei nächster Gelegenheit heimzuzahlen. Die Grundschule war zu Ende und der Plan mit einer weiterführenden Schule wurde schnell verworfen. Und das lag nicht alleine an fehlendem Talent. Neben seinem übersteigerten Ego zeigte sich auch jetzt schon Faulheit in demselben Umfang. Und es war doch besser ihn einen einfachen Schulabschluss machen zu lassen, als bei weiterführenden Schulen, ohne Abschluss zu scheitern. Die Dinge, zu denen er in der Lage war, machte er auch nicht, weil er meistens keinen Bock hatte. Am Sportplatz stand er auch immer zwischen den Zuschauern. Aber dort machte er sich wenigstens mit dem lautesten Organ aller Anwesenden bemerkbar. Wenn er sich schon nicht durch Leistung hervortat dann wenigstens durch Lautstärke. Aber da er nicht der Hässlichste war, versuchte er immer wieder, mit seinem verschmitzten Grinsen zu punkten. Die Pubertät hatte begonnen und die Mädels seines Jahrgangs hatten erste Freunde der darüberliegenden Jahrgänge. Und so etwas verstand er nicht. Wie konnten die Blondchen nur auf diese Kerle stehen, obwohl er ja auch zur Verfügung stand. Dass Jungs in diesem Alter den Mädchen noch etwas hinterherhinken, war ihm nicht wirklich bewusst. Und hier begann sein Weg in Richtung des anderen Geschlechts. Dass er im Alter von dreizehn noch bei keinem Mädel landen konnte, wollte das einfach nicht in seinen Kopf. Er beschäftigte sich mit vielen unterschiedlichen Dingen nur konzentrierte er sich auf nichts wirklich richtig. So frei nach dem Motto,.. der Schorsch probiert beinahe alles, aber macht nichts wirklich konsequent bis zu Ende.

Ob es sich dabei um die Schule oder Dinge in der Freizeit handelte, war unwichtig. Nur was sofort klappte und gleichzeitig Spass machte, wurde zu Ende gebracht. Dauerte es länger oder verlangte Konzentration wurde alles sofort als unwichtig abgetan. Sein narzisstisches Wesen glänzte an allen Enden. Bei Geburtstagsfeten anderer Gleichaltriger passte es ihm überhaupt nicht, einfach nur auf der Gästeliste zu stehen. Der strahlende Mittelpunkt zu sein oder zu werden war das Einzige das ihn interessierte. Auch in diesem Alter hat er bereits, bei jeder Gelegenheit Gespräche wo immer auch war, an sich zu reißen versucht, um zu gewährleisten, dass alles in einem Sinne abläuft. Wenn es klappte und er der zentrale Mittelpunkt wurde, dann war für ihn alles in Ordnung. Aber bei kleinsten Abweichungen davon drehte er beinahe durch und schaffte es, Streit und Unruhe in jede Gesellschaft zu bringen. Die letzten beiden Jahre der

Schule waren angebrochen und da sein Leistungsniveau hier ausgeschöpft war, musste jetzt schon nach einer Lehrstelle in einem Handwerksberuf Ausschau gehalten werden. Seine Faulheit hat wohl mit dazu beigetragen, dass sein Leistungsniveau am unteren Minimum verblieben war. Alleine an fehlendem Talent konnte es nicht liegen. Aufgrund der schulischen Leistungen waren alle kaufmännischen Berufe ausgeschlossen. Aber so einfach eine passende Lehrstelle zu finden war es nicht. Schließlich hatte der Schorschi hohe Ansprüche. Ihm war nicht bewusst, dass andere Schulkameraden mit guten Leistungen in der Schule die größere Auswahl bei den Lehrstellen hatten. Er wollte einerseits nicht in jedem Beruf arbeiten und in seinem bevorzugten Berufszweig nicht bei jedem Arbeitgeber. So wie es aussah, sollten diese sich nach seinen Wünschen und Bedürfnissen richten. Und irgendwann war es soweit. Der Papa hatte ihm geholfen das eine oder andere Vorstellungsgespräch zu bekommen. Dank dessen guten Kontakten zu heimischen Firmen klappte es dann auch mit einer Lehrstelle. Diese Sorge war ja nun vom Tisch. Es galt jetzt noch die restliche Schulzeit einigermaßen gut zu überstehen. Zwischenzeitlich wussten alle um ihn herum, die ihn näher kannten, wie er nun wirklich tickt. Es war eben die allseits bekannte ungesunde Mischung aus Faulheit, übersteigertes Selbstwertgefühl, beziehungsweise Arroganz gepaart mit Dummheit. Letzteres nicht auf allen Ebenen, nur sah er die Fehler eben immer bei allen anderen. Selbstkritik üben, um dazuzulernen, war ihm in jeder Weise fremd. Und zu ihrem Erschrecken musste die Familie jetzt schon deutlich merken, dass er niemals eine eigene Meinung hatte. Schlau und durchtrieben hörte er sich scheinbar populäre Ansichten anderer Personen an und verkaufte diese dann als seine eigene Meinung.

Diesen Standpunkt konnte er zu diesem Zeitpunkt als pubertierender Jüngling beinahe täglich mehrfach ändern. Voraussetzung war dabei allerdings, dass er immer Rückenwind hatte. Als Minimalist ging er damals schon den Weg des geringsten Widerstands. Und kam dieser dann doch in Form von Gegenwind, so spielte er sofort den unschuldig Ahnungslosen. Kritikfähigkeit kannte er schließlich auch nicht.

**Der Ernst des Lebens beginnt.**

Schorschi war zwischenzeitlich 15 Jahre alt, hatte die Schule mit Ach und Krach hinter sich gebracht und die Lehre hatte begonnen. Sehr schnell war klar, dass er handwerklich sehr begabt ist und aus ihm wirklich etwas werden kann. Grundvoraussetzungen hierfür waren allerdings Fleiß und ein guter Ausbildungsabschluss. Da Fleiß keine seine herausragenden Charaktereigenschaften war, und es ihm auch an Geduld mangelte, kamen sehr früh Zweifel bei Eltern und Geschwistern auf wie er denn seine Ausbildung machen würde. Aber auch schon während der Lehre als die Probezeit gerade vorüber war, zeigte sich der Minimalist. Mit dem arbeiten im Ausbildungsbetrieb klappte es ja, aber in der Berufsschule wurde es schon schwierig. Seine mangelhaften Leistungen während seiner Schulzeit machten es nun sehr schwierig die in jedem Beruf notwendigen kaufmännischen Grundlagen zu erlernen und richtig anzuwenden. Gerade hier waren Fleiß und Ausdauer gefragt, um langfristig erfolgreich zu werden. Hier hatten seine wenigen anderen Talente bereits Unterschiede bei Leistungsniveau verglichen mit anderen Azubis aufgezeigt. Jeder andere wäre hingegangen und hätte sich angestrengt. Um vielleicht vorhandene Defizite aufzuholen wäre ein bisschen Mehrarbeit für die Berufsschule in begrenzter Zeit ausreichend gewesen. Nur die oft zitierte Geduld und Spucke haben hier gefehlt. Aber Schorschi tut so etwas doch nicht. Schuld waren die falschen Lehrer und die Berufsschule. Schließlich mussten die den Lehrstoff richtig vermitteln, dass alles klappt. Deswegen funktionierte das alles nicht so richtig. Aber da der Schorschi sich handwerklich als sehr begabt und deswegen unantastbar ansah, konnte er Anstrengungen für kaufmännisch notwendige Inhalte getrost vernachlässigen. Das war ja schon jetzt unwichtig. Als Arbeitnehmer war man aber sehr mit ihm zufrieden. Er arbeitete während seiner Ausbildung sehr sorgfältig, auch wenn es noch an Tempo fehlte. Aber das Tempo kommt mit der Erfahrung und angeeigneten Kenntnissen handwerklicher Abläufe. Neben der Arbeit gab es allerdings noch die Freizeit. Seine Kumpels gingen zwar auch auf Partys wie er, aber Sie waren jedoch sportlich begabt. Da ihm das sportliche Talent in jeder Form fehlte, saß er eben dumm herum, während andere ihren Spaß hatten. Um diese Zeit nicht zu lange werden zu lassen, hat er früh angefangen, sich mit der Weiblichkeit zu beschäftigen. Trotz oder gerade wegen seiner fehlenden Figur und seinem fülligen Wesen hatte er dort zumindest zeitweise seinen Erfolg. Sein bevorzugtes Beuteschema war blond gefärbt mit möglichst wenig Hirn. Das eben deswegen weil ihm schon sehr früh klar geworden sein muss, dass er bei einer gewissen Klientel mit Hirn und Verstand nicht landen kann. Trotz seiner offensichtlich jetzt schon zutage tretenden charakterlichen Defizite hatte er doch seinen Erfolg bei der jungen Damenwelt. Aber nur den Röcken hinterherschauen ging nicht. Es gab ja trotz allem noch die Berufs- schule, eine anstehende Zwischenprü- fung und den Lehrbetrieb mit der Arbeit, die auf ihn wartete. Konzentriert bei der Sache bleiben und nicht abzuschweifen fiel ihm dennoch schwer. Das mit der Arbeitsgeschwindigkeit hatte sich deswegen noch nicht erledigt. Das Tempo ließ immer noch zu wünschen übrig. Da seine angeborene Faulheit immer mehr zum Vorschein kam, wurde alles vernachlässigt, was ihm nicht in den Kram passte. So ist es dann gekommen, dass er die Zwischenprüfung gerade so schaffte. Durch besondere Leistungen konnte er in keinem Fach glänzen. Und sein Chef hat ihn dort schon darauf hingewiesen dass mit diesen Leistungen nie eine Weiterbildung in Richtung eines Meisterbriefes in diesem oder einem anderen Beruf machbar ist. Zu diesem Zeitpunkt war bereits klar, dass sein eigener Charakter den verborgenen handwerklichen Fähigkeiten im Weg stand. Und eine Spur von Einsicht war nicht vorhanden. Schon jetzt suchte Schorschi lieber die Fehler bei anderen Leuten als bei sich. Er selbst hatte scheinbar immer alles richtig gemacht und seine Umgebung war nur zu dumm dies zu realisieren. Wenigstens hatte es den Vorteil dass er im Mittelpunkt stand. Kritik egal in welcher Form war schließlich auch Aufmerksamkeit. Und als Narzisst ist das ja Balsam für die Seele. In seinen Augen passte also alles. Und schön war zu diesem Zeitpunkt auch, dass das Ende der Lehrzeit immer näher rückte. Danach konnte es ja mit dem Geld verdienen richtig losgehen. Es kamen die ersten Prüfungen der Berufsschule und siehe da,......er hatte bestanden. Dass das so reibungslos klappt, hätten einige Personen zwar nicht erwartet, aber man darf sich auch einmal irren und trotzdem freuen. Nun fehlte nur noch die Kammerprüfung. Zwischendrin musste er sich aber mit anderen Dingen beschäftigen, die wichtiger waren wie die Arbeit. Zahlreiche Mädels aus dem Umfeld hatten einen festen Freund und er sprang immer noch von Blüte zu Blüte. Und plötzlich hatte er scheinbar auch eine feste

Freundin. Es war ihm zu gönnen, auch wenn es immer noch eine zu bewältigende Prüfung gab, bevor es im Berufsleben ans Geld verdienen gehen konnte. Aber lernen oder zumindest gemeinsam mit anderen Azubis Prüfungsvorbeitungen hin zur Kammerprüfung machen, stand bei ihm nicht auf dem Plan. Die Freizeit war da wesentlich wichtiger. Der Prüfungstermin kam und verstrich. Alle sein Kumpels aus der Berufsschule hatten teilgenommen und bestanden. Nur Schorschi war nicht anwesend und deswegen durchgefallen und ohne Abschluss. Seine Geschwister und seine Eltern sagten, dann heißt das eben nochmals sechs Monate zusätzliche Ausbildung mit Lehrlingsgehalt und dann wird die Prüfung nachgeholt. Aber was macht Schorschi? Er ist ja jetzt schon volljährig und will jetzt sofort Geld verdienen. Also hört er bei seinem Ausbildungsbetrieb auf und holt diese so wichtige Prüfung nicht nach. Er hat also streng genommen eine Lehre gemacht und ist ohne Abschluss. Er hatte lediglich das Arbeitszeugnis seines Ausbilders. Einen Gesellenbrief für künftige, besser bezahlte Arbeitsplätze konnte er nicht vorweisen. In seinen Augen war das aber nicht wichtig. Schließlich fallen Menschen wie er immer wieder auf die Füße, und zwar gleichgültig welchen Murks Sie auch immer bauen. Es ging auch nicht lange und er hatte die passende Arbeit. Seine handwerklichen Fähigkeiten waren damals auch schon sehr vielseitig. Nur verlor er sehr schnell die Lust auf etwas, wenn er es andauernd machen sollte. Bei verschiedenen Fahrzeugtypen stellte er sein besonderes Talent als Lackierer unter Beweis ohne es jedoch als Beruf erlernt zu haben. Ein wirklich lukratives Angebot einer Firma lehnte er daher auch ab. Diese Arbeit die ihm wenn er es gelegentlich macht, sehr viel Spaß bereitete, hätte er als Angestellter laufend machen müssen. Und das ging ja überhaupt nicht. Ihm war wohl nicht bewusst, dass er genau genommen ohne Beruf war, da der Abschluss fehlte. Und Arbeiten für Menschen ohne Abschluss wachsen nicht auf den Bäumen. Das interessierte ihn trotzdem nicht. Seine Kumpels hingegen, die er von der Berufsschule her kannte, machten teilweise gerade Lehrgänge hin zur Meisterprüfung oder bildeten sich in anderer Weise fort. Sie befanden sich in gesicherten Positionen und verdienten entsprechend. Daraus resultierte natürlich auch ein entsprechender Lebensstandard den diese noch jungen Menschen hatten. Er wollte natürlich dieselben Annehmlichkeiten des höheren Verdienstes und der damit verbundenen Vorteile. Aber eben ohne dafür die notwendige Leistung erbringen zu müssen. Dass dies nicht funktioniert, auch wenn er wenigstens ein gelernter Minimalist ist, war ihm nicht klar. Und was macht der Schorschi? Er geht beleidigt zu seinen

Geschwistern und reklamiert die ungerechte Verteilung und die guten Jobs seiner Kumpel. Er fühlt sich ungerecht behandelt, weil er doch dieselben Fähigkeiten zu haben scheint, wie seine Kumpels. Dass diese aber in der Ausbildung etwas gelernt und geleistet haben will ihm nicht in den Sinn. Seine eigene Benachteiligung, die sonst niemand sah, war für ihn selbst offensichtlich. Weil jetzt im Alter von knapp über zwanzig Jahren war schon klar, dass immer die anderen Schuld haben. Er ist zwar mit seinem meckern auf Granit gestoßen, weil auch seine Geschwister ihre Berufsabschlüsse und gute Arbeit hatten. Dennoch war er uneinsichtig und reklamierte die ungleiche Verteilung und seine Benachteiligung. Obwohl seine Geschwister ihn darauf hingewiesen haben, dass er ja keinen Abschluss hat, sah er die Schuld dennoch nie bei sich selbst. Kritikfähig war er also auch nicht. Wenn es also beruflich gerade nicht so klappte und er in

Teilbereichen auf Widerstand stieß, so musste er sich schnell anderen Dingen widmen. Um den Beruf kümmert er sich dann ein anderes Mal. Es gab ja noch Wichtiges in der Freizeit und da waren die Damen des anderen Geschlechts genau das richtige. Seine Selbsteinschätzung war ja Toller Hecht und für jede Frau unwiderstehlich. Aber das mit der Weiblichkeit war so eine Sache. Die Betthäschen für die schnelle Nummer standen nicht mehr zur Verfügung, denn auch Sie waren erwachsen geworden. Die jungen Frauen wollten keine schnelle Nummer, sondern langfristige Beziehungen mit Männern die eine gesicherte Existenz hatten. Auch hier kam er an seine Grenzen, die er selbst geschaffen hatte. Alle um ihn herum waren also erwachsen geworden und hatten sich selbst den Veränderungen angepasst. Nur er alleine trat immer noch auf der Stelle und hatte sich in keiner Weise weiterentwickelt. Das zu kapieren war für ihn beinahe unmöglich. Also dachte seine Familie, dass das noch etwas dauern wird. Einige seiner Geschwister waren ja nicht nur in festen Beziehungen, sondern bereits verheiratet und hatten Nachwuchs. Und plötzlich wie aus heiterem Himmel kam etwas Unerwartetes. Er hatte scheinbar vor zu heiraten und stellte seine zukünftige Frau vor. Alle dachten, okay das war es jetzt. Nun kriegt er die Kurve. Weil eine starke Frau an ihrer Seite bringt selbst die schrägsten männlichen Vögel auf den richtigen Weg. So ist es zumindest größtenteils der Fall. Ob der Schorschi das realisiert war noch abzuwarten. Die Hochzeit kam und Zeit verstrich. Aber von Veränderung keine Spur. Dass er als verheirateter Mann und vielleicht künftiger Familienvater jetzt ein verantwortungsbewusstes Verhalten an den Tag legen musste, sah er nun wirklich nicht ein. Dass der Trauschein nun mit einer Frau an seiner Seite, weitere noch unentdeckte Fähigkeiten in ihm wecken würde, war auch die Hoffnung seiner Familie. Nur was diese Leute dachten, unterschied sich heftig von den Ansichten des lieben Schorschi. Auch jetzt war er weder Willens noch in der Lage Verantwortung zu teilen oder gemeinsam zu übernehmen. Eher im Gegenteil. Er dachte wohl dass er eine Putzfrau, Köchin und Hormonausgleichspartnerin gefunden hat. Diese sollte springen, wenn er denn gerade pfeift. Er war somit auch noch Pascha und wollte sich gerne bedienen lassen. Nur das klappt eben nicht bei jeder Partnerin. Auch seine Frau arbeitete ganztags. Alle um Sie herum stellten sich die Frage, wie lange das nur gut gehen würde. Zwischenzeitlich war natürlich auch sein Interesse für schnelle Autos hellwach. Ihm fehlte dafür aber das notwendige Geld. Seine Kumpels von früher fuhren auch den einen oder anderen teuren Schlitten, nur konnten dies das sich auch leisten. Was seine alten Kumpels haben, das braucht er aber auch. Das natürlich frei nach dem Motto,...mein Nachbar hat einen dicken Schlitten als Statussymbol in der Garage stehen. Wenn er das hat, dann braucht der Schorschi das auch. Und da kam dann der nächste wichtige Punkt. Mit Geld umgehen kann er auch nicht. Schließlich hat er nie kapiert, wie das geht. Da das eben genau so war, fing es in der Ehe an, zu kriseln. Seine Frau hatte gemerkt, dass die Last aller wichtigen Dinge die eine Beziehung ausmachen auf ihr lagen. Es ging nicht mehr lange und Trennung und danach die daraus resultierende Scheidung waren da. Aber er war sich wie immer keiner Schuld bewusst. Fehler die zur Trennung geführt haben konnten, hatte er keine gemacht. Nun war er wieder Single und die schon vorhandene Schieflage sollte sich jetzt verschlimmern. Er verdiente Dank seiner Faulheit eben zu wenig aber Geld ausgeben wollte er. Schliesslich kostete der Lebensstandard, den seine ehemaligen

Gefährten mit Fleiß erarbeitet hatten und sich auch leisten konnten richtig Geld. Er wollte das auch. Nur hatte er immer noch nicht begriffen dass hierzu dieser besagte Fleiß und harte Arbeit gehört. Der Schlendrian von früher hatte sich verstärkt und seine Unzufriedenheit wurde immer größer. Es war der absolute Horror für ihn mit ansehen zu müssen, dass seine ehemaligen Kumpels ihren Meister nun hatten und als Unternehmer erfolgreich wurden. Aber wer an der Misere schuld? Der Schorschi sicher nicht. Er konnte ja nichts dafür, dass andere erfolgreich waren, und er eben nicht. Die Kinder seiner Geschwister wurden größer und er war privat unausgelastet. Dass er als einziger in der Familie ohne feste Bindung war und sich dies nicht änderte, kam der Frust immer wieder verstärkt heraus. Aber wenigstens hatte er sein Jagdrevier abgesteckt. Die bevorzugte Bar, wo sich auch alleinstehende Frauen aufhielten, war sein Zufluchtsort. Eine Besonderheit der Örtlichkeit dort kam ihm wirklich sehr entgegen. Die Singleherren standen am Abend sehr gerne unter der Wendeltreppe, die zur Tanzbar führte. Dort den jungen Frauen unter den Rock schauen war doch geil. Jetzt musste er nur noch eine abschleppen, um seinen Hormonspiegel im benötigten Level zu halten. Das klappte natürlich nicht immer. Und seine Geschwister fragten natürlich bei den Eltern nach, ob er wieder etwas festes hat. Das war aber meistens nicht der Fall. Eines Tages als alle Geschwister wieder mit den Eltern zu Kaffee verabredet waren, kam die Mama ihren Kindern voll freudiger Aufregung entgegen. Sie sagte,......stellt euch vor, der Schorschi hat wieder etwas Ernstes am laufen und eine feste Freundin. Die Geschwister freuten sich mit der Mama und fragten nach. Die Mama entgegnete voller Stolz dass sie siebenundzwanzig Jahre alt und eine selbstständige Geschäftsfrau sei. Die Geschwister schauten sich an und aus einer Ecke kam dann ganz spontan,.... Das dauert höchstens vier Wochen. Sobald die Frau merkt, was er für einer ist, gibt Sie ihm den Laufpass. Die Mama war im ersten Moment richtig sauer, dass ihre anderen Kinder das gesagt hatten. Und zwei Wochen später traf ein, was alle vermutet hatten. Die neue Freundin hatte gemerkt, was Sie für einen Typen an Land gezogen hatte und beendete das kurz und knapp. Genau das was alle vermutet hatten, war nun eingetroffen. Also alles wieder auf Anfang. Auch die Frauen sind schuld, wenn Sie nicht zu schätzen wissen, was er für ein toller Hecht ist. Schorschi verstand die Welt nicht mehr. Er tat ja auch bei den Frauen alles um sich in das richtige Licht zu rücken. Aber niemand wollte ihn wirklich verstehen und seine herausragenden Fähigkeiten erkennen. Es gab doch so wenige noch frei verfügbare Männer wie ihn auf dem Markt. Wie konnte man da nicht sofort zugreifen. Bei der Arbeit war es ähnlich. Sein am längsten andauernder Job nach der nicht abgeschlossenen Ausbildung war gut bezahlt und die Familie dachte, dass er jetzt die Kurve kriegt. Es schien alles zu stimmen. Keine Probezeit mehr, ein hervorragendes Einkommen wenn man seine Vorbildung betrachtet, und weitere berufliche Entwicklungsmöglichkeiten durch den Arbeitgeber. Und urplötzlich hatte der Schorsch wie immer keine Lust mehr auf Zurechtweisungen eines Vorgesetzten oder des Arbeitgebers. Und was macht er dann, wenn er ein bisschen Gegenwind bekommt. Er schmeißt eben einfach hin.

**Schorschi in leitender Position.**

Wie durch ein Wunder hat Schorschi kurz darauf sofort wieder Arbeit. Und was für eine. Verstehen konnte die Höhe des Entgelts, und die flexible Zeitgestaltung niemand in seinem

Umfeld und noch weniger in seiner Familie. Wie es aber im realen Leben so spielt, gibt es auch Arbeitgeber die auf ihr Personal hereinfallen. Wie sich erst im Laufe der Zeit herausstellen sollte, war der Manipulator in Schorschis Wesen voll auf seine Kosten gekommen. Dem Personalchef hat er wohl genau das, was der hören wollte so vermittelt, dass dieser ohne Vorlage von irgendwelchen Zeugnissen glaubte, eine hoch qualifizierte Kraft vor sich zu haben und einzustellen. Die erste Hürde hatte er geschafft und nun noch den Betriebsleiter auf die eigene Seite bekommen war sein Ziel. Schnell merkte der Schorschi, wen er vor sich hatte. Der Betriebsleiter mochte Leute die sehr tief arschkriechen und kuschen, auch wenn das nicht angebracht ist. Und das hatte Schorschi ja perfektioniert, wenn er es gerade brauchte. Außer der Kriecherei war er auch ein perfekter Schleimer. Er schmierte auf ganz perfide Art dem

Betriebsleiter Honig um den Bart, um das zu kriegen, was er wollte. Und der fiel auf ihn rein. Nun hatte er, was er wollte. Einen gut bezahlten Posten, viele Freiheiten, keinen wirklichen Stress und den Finger am Abzug jemanden zu manipulieren, wie er gerade wollte. Dies nutzte er auf breiter Front komplett aus. Er hatte aufgrund seiner Position die Möglichkeit den einen oder anderen Arbeitnehmer dessen Nase ihm nicht passte zu schikanieren, ohne dass sich einer dagegen wehren konnte. Der Narzisst und Selbstdarsteller waren voll in ihrem Element. Nicht nachlassend weitete er durch geschickte Manipulation seine Befugnisse aus. Der Verdienst war vergleichsweise überdimensional hoch, wenn man seine erbrachte Leistung für den Arbeitgeber damit verglich. Er war also deutlich überbezahlt. Das ging einige Jahre wirklich gut, aber über Beliebtheit konnte er sich nicht erfreuen. Als dann ein Positionswechsel in der Geschäftsführung anstand und er mitbekommen hatte, wer als künftiger Betriebsleiter kommen würde, bekam es der Narzisst in Schorschi mit der Angst. Dieser Kerl konnte ihn nicht leiden. Kurz gesagt,...es beruhte auf Gegenseitigkeit. Es musste also eine Lösung her. Diese bedeutete für Schorschi einen Arbeitsplatzwechsel. Aber nicht wie jeder andere das getan hätte. Nicht wohl überlegt und gezielt nach einer Passenden Arbeit suchend geht ein Schorschi vor. Er selbst handelt unüberlegt und impulsiv. Also hört er von Heute auf Morgen auf zu arbeiten und macht sich ohne Kapital in der Tasche selbstständig. Spontane und nicht gerade durchdachte Handlungen waren sein Umfeld ja gewohnt. Nur waren diese zwischenzeitlich seltener geworden und alles hoffte auf Besserung. Es war ja aus kaufmännischen Gesichtspunkten sehr risikoreich, ohne jegliches Kapital einen solchen Schritt zu wagen. Das kapierte er zwar nicht, aber zumindest konnte er jetzt voller Stolz als Einzelunternehmer zu ehemaligen Kumpeln aufschließen. Diese hatten zwischenzeitlich eigene Firmen und Arbeitnehmer. Für ihn war im Moment nur wichtig sich als Selbstständiger vorzustellen, um zu zeigen, dass er es auch geschafft hatte. Welche Auswirkungen das auf andere Bereiche haben würde, war dem Schorsch nicht klar. Es bedarf ja auch bei kleinen Firmen einer gut durchdachten Struktur, um mit Behörden wie dem Finanzamt und allen dazu gehörenden Versicherungen eine Basis zu schaffen. Auch hatte er nicht bedacht dass ein Steuerberater, ein Buchhaltung die gemacht werden muss und alles Weitere darum herum auch Geld kosten, das erst einmal erarbeitet werden muss. Und dass er als Selbstständiger keine festen Arbeitszeiten hat und Fleiß an den Tag legen muss, das wusste er natürlich auch nicht. Dafür fehlte ihm einfach die Intelligenz. Und genau so muss das auch deutlich gemacht werden. Also lebte er in den Tag hinein und hielt sich mit Gelegenheitsaufträgen über Wasser. Davon kann sich zwar niemand eine gesicherte Existenz aufbauen, aber das war ihm ja auch nicht wichtig. Wenn Schorschi in ein Gespräch verwickelt wurde, konnte er wenigstens immer antworten, dass er eine eigene Firma hat, und sich kurzzeitig im Mittelpunkt sonnen. Seine narzisstische Persönlichkeitsstörung war also komplett zutage getreten. Dabei hat er natürlich den Kosten-Nutzen Faktor komplett aus den Augen verloren. Aber er wusste ja gar nicht, was das ist. Das kaufmännische Grundwissen das man als Selbstständiger braucht, hatte er ja dank seiner Faulheit nie erworben. Wie also sollte man ein Kleinunternehmen führen, wenn von nichts wirklich eine Ahnung vorhanden ist. Und wenn andere Leute, die wirklich ein Unternehmen führten und erfolgreich waren, dann beteiligte er sich soweit möglich immer an irgendwelchen Gesprächen. Schließlich kannten ihn alle. Wenn dann Aussagen anderer in sein Konzept passten und er den Eindruck hatte, dass diese richtig waren, so verkaufte er diese Argumente als seine eigenen, sobald er mit anderen Leuten sprach. Auf diese Weise wollte er den Eindruck erwecken, dass auch er von irgendetwas eine Ahnung hatte. Nur dem war eben nicht so. Seine Familienangehörigen schüttelten zu dieser Zeit schon den Kopf, aber was sollten Sie denn machen. Trotz seines breitgefächerten Unvermögens war er ein Teil von Ihnen. Um sicher zu stellen, dass alles zu seiner vollsten Zufriedenheit abläuft, änderte er auch gerne alle fünf Minuten seine Meinung. Wichtig war nur, dass immer Rückenwind herrschte. Zumindest diese Veränderungen hatte er perfektioniert und war in der Lage, gegenüber anderen Menschen immer eine gerade aktuell gültige Wahrheit oder Meinung zu äußern. Aber dank seines Verständnisses für kaufmännische Zusammenhänge lebte er jahrein jahraus von der Hand in den Mund und brachte es zu nichts, während andere Unternehmer ihre Kapazitäten erweiterten und auch selbst ausbilden konnten. Die Distanz beim Einkommen und auch der öffentlichen Akzeptanz zwischen seinen ehemaligen Schulkumpanen und ihm wuchs nun andauernd und für jeden offen sichtbar. Und die eigenen Geschwister sahen das natürlich auch. Kritik von ihrer Seite prallte einerseits ab, je nachdem wer das gerade versucht hat. Bei manchen Geschwistern war seine Reaktion auf Kritik dann eher provozierter Streit in der Familie. Den einen gegen den anderen ausspielen wollen war sein neuestes Steckenpferd. Seine Geschwister waren die Einzigen, welche ihm offen und laut kritisiert haben. Da das sonst niemand machte, wies er es natürlich als unberechtigt zurück. Alle anderen sahen aus seiner

Sicht anerkennend, was er tagtäglich leistete. Deswegen hat er nun versucht, die eigenen Geschwister gegeneinander aufzuhetzen, wenn Dinge nicht in seinem Sinne abgelaufen sind. Selbstkritik kannte er ja nicht. Deswegen legte er sich mit allen in der Familie an. Dies tat er in der Hoffnung einen so beeinflussen zu können, dass er nicht mehr alleine stand. Er perfektionierte das. Schließlich war dies ein Teil der ihm angeborenen Persönlichkeitsstörung. Aber auch das merkte er nicht selbst. Ausgeprägte geistige Armut geht mit Narzissmus meist einher. So ist es zumindest bei Schorschi.

**Erwachsen werden ist unmöglich**

Um hormonelle Störungen auszugleichen oder abzubauen geht der Schorschi immer noch regelmäßig in seine bevorzugte Bar. Unter die Treppe stehenbleiben und Frauen unter den Rock schauen wollen wird immer schwieriger. Zum einen sind die Frauen älter und reifer geworden. Aber auch die Mode hat sich verändert und zu kurze Röcke sind nicht mehr in. Bei Frauen, die selbst auf der Suche nach einem Abenteuer für die Nacht sind, fällt er aus dem Beuteschema heraus. Die Zeiten haben sich eben geändert. Bei Singlefrauen, die nicht auf Beutefang waren, musste in diesem Zusammenhang von einem am Markt übrig gebliebenen Personenkreis geredet werden, die keinen Partner abbekommen haben. Zu diesen zählte auch Schorschi. Dass er keine Frau an sich binden kann, die länger bei ihm bleibt, liegt auch daran, dass er einfach beziehungsunfähig ist. Der Zeitpunkt wo er entweder für diese Dienste bezahlen muss oder einfach nimmt, was noch geht, der war nun gekommen. Da auch der hormonelle Ausgleich zu wünschen übrigließ, wurden seine Ausraster immer größer. Schließlich hatte auch die Einsamkeit bei ihm Einzug gehalten. Alle um ihn herum merkten das, nur ihm selbst war es nicht bewusst. Dass er nicht so leben konnte, wie das sein Umfeld tat, lag seiner Meinung nur daran, dass ihm alle böses wollten. Er war schließlich komplett schuldlos und Fehler machte er bekanntlich keine. Seine Nichten und Neffen waren mittlerweile in dem Alter zum Ende der Pubertät angelangt und fingen an, selbst eigene berufliche Wege einzuschlagen. Bei allen klappte der Übergang von Schule zu Beruf reibungslos. Sie waren auf ihren Gebieten erfolgreich und das war ein weiterer Stachel, der tief in ihm saß. Dass dieser Nachwuchs seiner Geschwister nun die Frechheit besaß, bei ihm nachzufragen warum er es einfach zu nichts bringt, das schlug dann dem Fass den Boden aus. Er war bisher ja immer der große, liebe Onkel, zu dem alle kritiklos aufblickten. Dies war ja nun erste Kritik an ihm und ging überhaupt nicht. Weil er aber keine Antwort geben konnte, die von diesen jungen Menschen akzeptiert worden wäre, war die Flucht nach vorn die einzige Möglichkeit. Und das hieß wieder sich komplett entrüstet geben oder wieder einen Streit vom Zaun zu brechen. Und wie macht man das am besten. Ohne laut zu werden fängt man an zu sticheln. Nicht dann wenn alle aus der Familie beisammen sind, sondern immer dann, wenn er mit einem von Ihnen alleine war. So war er immer in der Lage alles zu leugnen, wenn den anderen Familienmitgliedern etwas darüber erzählt wurde. Niemals die Wahrheit sagen, wenn es eng wird, gehört eben auch zum Narzissten. Diese Vorgehensweise verhindert zumindest manchmal, dass Wahrheiten sofort ans Licht kommen. Mit der Zeit hatte er es geschafft in Teile der Familie einen Keil zu treiben. Wie in allen großen Familien gibt es unterschiedliche Charakter und bei einem der Anverwandten fand er ein offenes Ohr. Dieser war ihm zum Entsetzen aller anderen von den geistigen Fähigkeiten sehr ähnlich. Also haut er rein in diese gefundene Kerbe und sät Streit in der Familie. Das klappt zwar nicht sofort, aber da er hier die sonst sehr vermisste Geduld aufbringt, ändert sich irgendwann das Blatt. Und zeitweise erreicht er damit, dass Familientreffen ausfallen, um zu verhindern mit Schorschi an einen Tisch sitzen zu müssen. Ihn einfach auszuladen ging nicht, weil wieder andere dann auch nicht erschienen wären. Als er dieses Mittel gefunden hatte, um zu kriegen, was er gerne will, setzte er es gezielt und immer wieder ein. Auf diese Weise gelang es ihm immer wieder, im Mittelpunkt zu stehen. Aus welchen Gründen war ja unwichtig. Hauptsache war, dass man über ihn redet. Einladungen zu Grillfesten bei seinen alten Kumpels wurden auch ständig weniger. Er verstand hier aber nicht, warum das so war. Dass es daran lag, dass alle ihr eigenes Privatleben hatten und das nun an erster Stelle kam, kapierte er nicht. Nur wenn er ab jetzt alleine war, stand er im Mittelpunkt. Da holte ihn dann zwar tagtäglich die Einsamkeit ein aber auch das schien er nicht zu erfassen. Wenigstens hat er dann, wenn er wieder einmal alleine bei sich sitzt, niemanden um sich der ihm widerspricht. Das scheint in seinem eigenen Ich das Allerwichtigste zu sein. Sobald er aber zu lange alleine ist, treibt sein Hirn neue Stilblüten. Er sucht neue Wege anderswo im Mittelpunkt zu stehen. Auf öffentlichen Veranstaltungen wo sich das gesellschaftliche Leben abspielt, lässt er keine Gelegenheit aus, sich zu sonnen. Ihn kennen ja alle und obwohl diese immer in für sich abgeschlossenen Gruppen verabredet sind, setzt er sich überall dazu und versucht, Gespräche an sich zu reißen und Aufmerksamkeit zu erregen. Wenn es dann das eine oder andere Mal nicht klappt, wie er dies erwartet dann verhält er sich wie ein kleines Kind, dem man das Spielzeug weggenommen hat. Der Narzisst war also wieder da und zeigt sein wahres Gesicht. Und es hat den Anschein, dass das alles mit seinem fortschreitenden Alter immer schlimmer wird.

**Das neue Beuteschema**

Schorsch(i) der nun im gesteigerten Mannesalter nicht mehr die Attraktivität des Kindesalters ausstrahlt, darf nun unbehelligt als Schorsch bezeichnet werden. Und das ist er scheinbar auch. Seine beiden Nichten haben sich mit ihm verabredet und wollen ihn schnell treffen, weil Sie etwas zu besprechen haben. Also verabreden sich die beiden mittlerweile jungen erwachsenen Frauen mit ihrem Onkel. Als Sie bei ihm ankommen begrüßen Sie sich wie üblich. Voller Stolz will der Schorsch aber erst seine neue Freundin vorstellen. Dabei hat es seinen Nichten urplötzlich die Sprache verschlagen und

Sie verabschiedeten sich sofort und sehr überhastet. Zuhause angekommen trommelten Sie den Rest der Familie für den Abend zusammen und haben dabei gebetet, dass bloß alle kommen. Als alle anderen aus der Familie endlich beisammen waren, platzten sie vor Neugier. Und die beiden begannen zu erzählen. Stellt euch nur vor wer die neue Flamme vom Schorsch ist, begannen Sie,...Ihr kommt sowieso nicht drauf. Es ist eine Tussi aus unserer Parallelklasse von der ehemaligen Schule von früher. Sie ist so alt wie wir beide mit knapp dreiundzwanzig Jahren. Die Eltern klärten dann mit leichtem Sarkasmus auf. Das wird jetzt sein neues Beuteschema sein. Bei gestandenen mitten im Leben stehenden Frauen, die wissen, was Sie möchten, kann er für eine stabile Beziehung nicht mehr landen. Deswegen steht er nun auf junge Hüpfer. Dort hat er auf der einen Seite die Hoffnung, dass er ihnen mit seiner scheinbaren Lebenserfahrung noch etwas beibringen kann. Auf der anderen Seite gilt, Hauptsache sein Hormonhaushalt bleibt geregelt. Es ist zwar schlimm ihr Kinder, aber das legt sich wieder. Auch diese Erfolge sind für ihn von kurzer Dauer, wenn Sie erst erfahren, wie er tickt. Es ist zwar sehr schade für ihn sowie für seine ganze Familie, aber aus dieser Nummer kommt er nicht mehr heraus. Und so kam, was kommen musste. Die Eltern der beiden Nichten von Schorsch sollten recht behalten. Auch diese kurzen Episoden gingen so schnell, wie Sie gekommen waren. Also hieß es wie immer, neues Spiel heißt neues Glück. Der Schorsch sucht eben weiter nach neuem Ausgleich des instabilen Hormonhaushalts. Dass das aber immer schwieriger wurde, merkte der Schorsch nun langsam selbst.

**Frust, Diäten, Einsamkeit und Rauchentwöhnung**

Das ständige Auf und Ab zehrte an den Nerven von Schorsch. Dass jetzt auch seine beiden Nichten schräge Blicke und dumme Bemerkungen an ihn richteten, verstand er überhaupt nicht. Warum auch, er wusste ja nicht aus welchen Gründen. Daraus ergab es sich dann, dass die Frustration immer größer wurde. Aber er selbst bemerkte das auch jetzt nicht. Sein Hunger auf nicht gerade diätgerechte Nahrung wurde deutlich größer. Und die Körperproportionen glichen sich an. Wie das plastisch aussieht, darf man sich denken. Die Einsamkeit unterstützte diesen Prozess. Der Teufelskreis schloss sich mit der immer wiederkehrenden Rauchentwöhnung. Seit vielen Jahren bekommen all diejenigen in der Familie welche nie geraucht haben zu hören, wie man ganz sicher mit dem

Rauchen endgültig aufhört. Es waren dies Beispiele mit Hypnose, die ganz sicher klappt und zum sofortigen Nichtraucher führt. Ein anderes Mal musste man ein bestimmtes Buch lesen und durfte während dieser Zeit noch rauchen. Mit der letzten Seite des Buches würde man dann automatisch zum Nichtraucher. Außer diesen Beispielen gab es etliche Varianten, die immer zum Erfolg führen sollten. Geändert hat sich nichts. Aber wenigstens stand der Schorsch bei allen dieser vielen Versuche absolut im Mittelpunkt so wie es sich für einen Narzissten gehört. Wenn irgendein Versuch missglückte und die öffentliche Aufmerksamkeit nachgelassen hat, dann mussten neue Ersatzlösungen her. Seine Verwandtschaft fand diese Eskapaden zwar niemals zum Lachen, aber es änderte nichts an der Machtlosigkeit den Geschehnissen gegenüber. Es war viel eher ein Trauerspiel. Die Familie war eher bereit zu helfen. Nur niemand wusste wie.

**Im Alltag nichts Neues.**

Um nicht komplett aus der Übung zu kommen oder gar in Vergessenheit zu geraten, nutzte der Schorsch weiterhin jede Gelegenheit in irgendeiner Form am öffentlichen Leben teilzunehmen. Mittlerweile waren seine narzisstischen Anstrengungen immer ein Teil des öffentlichen Interesses zu sein in andauernde Schwerstarbeit ausgeartet. Das lag eben hauptsächlich daran, dass er nie wirklich anhaltend Teil des öffentlichen Interesses gewesen war. Sobald er die aktuelle Szene verließ, war das Interesse an ihm erloschen. Und da er dies nicht verstehen konnte, zog es außer den psychischen Störungen nun auch vermehrt körperliche Beschwerden hinter sich her. Die Gewichtszunahme sorgt für Probleme mit dem Kreislauf und der Blutdruck fiel komplett außerhalb aller Toleranzen. Aber auf ärztlichen Rat zu hören und sein Leben umzustellen war unmöglich. Was ist das für ein Mensch, der ihm der sowieso alles besser weiß sagen will, was gut für ihn ist. Dass er immer wieder auf dieselbe Tour reiste, wie er das schon immer machte, merkte wohl jeder, der ihn kennengelernt hatte. Nur er hat es einfach nicht geschnallt. Die Fähigkeit irgendwelche andersgearteten Ansichten seiner Gesprächspartner zu erkennen und zu akzeptieren fehlte ihm komplett. Deswegen fiel er immer wieder in alte Muster zurück. Immer irgendwelche Gespräche an sich reißen zu wollen, oder gerade gemachte Aussagen anderer Personen, die scheinbaren Anklang fanden zu wiederholen und bei kommenden Begegnungen mit anderen Leuten als die eigene Ansicht zu vertreten. Das alles aber nur unter der Voraussetzung immer den Wind im Rücken zu haben. Es war ein sich ständig wiederholendes Trauerspiel allein deswegen weil alle Menschen außer ihm selbst erkannten, was gerade wieder einmal abläuft. Er aber war der Meinung sich im scheinbaren Mittelpunkt sonnend, dass er nicht nur verstanden wurde, sondern dass seine Meinung immer gefragt war und ihm die erhoffte Anerkennung gebracht hat.

**Wie geht die Familie damit um?**

Dies war wohl seit der Kindheit des Schorsch ein bis heute ungelöstes Problem. Familienmitglieder werden ja gleich behandelt und alle genießen dieselbe Aufmerksamkeit. Man gehört einfach dazu. Dies ändert sich auch nicht, wenn die einzelnen Familienmitglieder reif und erwachsen werden. Aber wie geht eine Familie mit einem aus ihren Reihen um, der ganz offensichtlich eine psychische Störung hat. Bei jedem anderen Krankheitsbild hätte ein Mediziner helfen können und die betreffende Person hätte sich auch freiwillig helfen lassen. Nicht so der Narzisst. Er erkennt ja seine eigene Störung nicht als solche. Aus diesem Grund bringt es nichts, ihm auf herkömmliche Weise Hilfe anzubieten. Eine Familie muss versuchen alles was geschieht ohne Streit oder auch Differenzen jeder Form mit ihm über die Bühne zu bringen. Gelingt dies nicht und artet nach narzisstischen Gesichtspunkten aus, so endet es in Zwietracht, Neid und Missgunst. Letztendlich zerstört es jede Familie, und als letzter Ausweg bleibt nur der Abbruch jeglichen Kontakts zu dieser Person nur um sich selbst und seine eigenen Liebsten zu schützen.

**Plötzlich ganz alleine**

Es war schon schlimm genug immer und das jeden einzelnen Tag nach Anerkennung in der Welt da draußen zu schmachten. Diese Anstrengungen beanspruchten Körper und Geist unablässig. Nun war aber auch das geschehen, was uns alle einmal ereilt.

Die Eltern von Schorsch waren gestorben. Der letzte zuverlässige Fixpunkt in seinem Leben war weg. Denn immer wenn das mit dem im Mittelpunkt anderer Leute nicht so funktionierte wie er dies brauchte, hatte er diese Rückendeckung. Als einziger ohne enge familiäre Bindung konnte er hierhin jederzeit kommen und stand dann immer im Mittelpunkt. Dieses, sein bisheriges Leben lang andauernde reinigende Gewitter seiner Seele das ihn immer wieder aufbaute, war nun für immer verloren. Die einzigen widerspruchslosen Ansprechpartner seit er erwachsen geworden war, sind von ihm gegangen. Der Rest seiner Familie auch der ihm nachfolgenden Generation dachte dass er nun ruhiger werden und er den Schutz der Familie wertschätzen würde. Aber dem war wohl leider nicht so. Die momentanen Geschehnisse hatten den Grad seiner Persönlichkeitsstörung eher verschlimmert. Nur zu diesem Zeitpunkt war das noch nicht erkennbar. Eine bisher nicht so wahrgenommene Form von Aggression staute sich in ihm auf. Bei Personen seines erweiterten und näheren Umfelds suchte er Streit. Aufgefallen ist das besonders, wenn ihm in irgendeiner Weise widersprochen wurde, oder er von diesen Menschen keinen Nutzen mehr erwarten konnte. Hinzu kamen die finanziellen Probleme. Er hatte es bis zu diesem Zeitpunkt immer noch nicht geschafft, in geregelten Verhältnissen zu leben.

**Altersvorsorge, ja oder nein?**

Was für eine Frechheit. Da kam doch tatsächlich eine seiner beiden Nichten auf ihn zu und machte ihm eine Rechnung auf. Ohne mit den anderen der Familie etwas abgesprochen zu haben ging Sie auf ihn los. Sie bemängelte an ihm seine über 20 Jahre Selbstständigkeit und fragte trocken. Was hast du in dieser Zeit geleistet und was hast du beiseitegeschafft? Er musste wohl erst einmal schlucken und war sichtlich entrüstet. Und da war Sie aber noch nicht mit ihm fertig. Dass du über deine Verhältnisse lebst und sparen wohl nie gelernt hast, sieht ja ein Blinder. Sie nannte ihm namentlich Beispiele von seinen alten Schulkameraden die während seiner Zeit auch ihren Beruf erlernten und danach beruflich Gas gegeben haben. Nicht jeder von Ihnen machte sich selbstständig, aber alle von damals haben es zu etwas gebracht. Und du bist der Einzige, der immer über andere lästert aber niemals die Schuld bei sich selbst sucht. Und diese Zurechtweisung einer jungen Frau hat wohl so gesessen, dass er wie im ersten Augenblick vermutet, sein Leben neu überdenken würde. Aber nicht wirklich. Es hat wohl gesessen, aber mangels geistigem Volumen hat der Schorsch auch diesen Schuss vor den Bug nicht verstanden. Nur das Geld, mit dem er niemals umgehen gelernt hatte, wurde einfach nicht mehr. Das Verhältnis der Tage des Monats zur Ebbe im Geldbeutel passten immer noch nicht. Dieser Vorstoß seiner Nichte machte ihn zornig. Wie konnte Sie nur ihn mit weit mehr Lebenserfahrung kritisieren oder sein Tun und Handeln widersprechen? Der Teufelskreis wurde immer schlimmer.

**Änderungen hinsichtlich des Alters?**

Genau nachgeprüft werden konnte es nicht, was den Schorsch dazu veranlasste. Aber mit fortschreitendem Alter muss auch irgendwann an die Zeiten gedacht werden, wenn arbeiten nicht mehr geht. Es fehlen in der langen Zeit der reinen Selbstständigkeit nicht nur Rücklagen. Auch wurde in die gesetzliche Rente nichts einbezahlt. Um dann im Alter nicht mit komplett leeren Händen dazustehen, muss er sich wohl den einen oder anderen Satz seiner beiden Nichten zu Herzen genommen haben. Er suchte nach einer Festanstellung um die Existenz zu sichern. Irgendjemand muss ihm erklärt haben, dass er ab einem gewissen Alter von der gesetzlichen Krankenversicherung nicht mehr aufgenommen werden muss. Und die Beiträge für die private Krankenversicherung konnte er sich ja schon lange nicht mehr leisten. Und diese steigen ja jedes Jahr an. Außerdem wirken ein paar Versicherungsjahre der Rentenversicherung vielleicht noch Wunder, damit zumindest eine Grundsicherung vorhanden ist. Hoher Rentenanspruch war ja nun nicht mehr zu erwarten. Im ersten Moment schien das alles zu klappen. Er hatte ein geregeltes Einkommen und war versichert. Seine Selbstständigkeit könnte ja nun eine stabile zweite Einkommensquelle werden. So dachte jedenfalls sein Umfeld. Aber nichts da. Falsch gedacht. Der Schorsch kann doch nicht so einfach aus seiner Haut. Wenn er schon ein wenig mehr Geld hat, dann muss das sofort raus, um die Wirtschaft anzukurbeln. Etwas anzusparen und für Engpässe zurücklegen ging nicht. Er hatte das ja nie gelernt. Da nichts wirklich den Erfolg zu bringen schien, was er erwartet hatte, kamen seine charakterlichen Defizite wieder verstärkt zum Vorschein. Dass das Geld noch immer nicht reichte, lag aber nicht an ihm. Er hatte ja nur wieder einmal ein anderes Auto gekauft. Gebraucht hat er es zwar nicht. Dennoch war es ein hochmotorisierter Schlitten älteren Baujahrs den seine ehemaligen Kumpel von früher als Neuwagen gekauft und in ihrer Garage stehen hatten. Aber diese Herren konnten sich das eben leisten, weil Sie in gesicherten Verhältnissen lebten. Für Schorsch hingegen war das Mittel zum Zweck. Einerseits Prestige um zu zeigen was er hatte und andererseits war das große PS-starke Auto eine Art von Potenzersatz, das er in Form des

Gaspedals zeigen konnte. Der Frust beherrschte ihn. Das hier wird doch hoffentlich wieder ein probates Mittel sein, sich im öffentlichen Licht zu sonnen und zu sehen, dass er nicht nur anerkannt, sondern auch wichtig ist. Aber auch das klappte nicht wirklich. Wenn der Eindruck der Angeberei in Verbindung mit Potenzersatz öffentlich erweckt wird, dann leidet das Ansehen eher. Über ihn geredet wurde daher tatsächlich. Aber eben nicht mit ihm, sondern heimlich über ihn. Das mag hier oder da schon einen kleinen Unterschied ausmachen.

**Und dann wurde es schlimmer**

Schorsch ist zwischenzeitlich auch in den Fünfzigern des Alters angekommen und das eine oder andere Zipperlein macht sich bemerkbar. Der Arzt ermahnt ihn auch wieder, dass er seine Lebensweise überdenken muss. Gesund leben und sich auch so ernähren, steht jetzt immer noch im krassen Widerspruch zu dem, was Schorsch so treibt. Und dann meldet sich da ja regelmäßig auch sein persönliches Ego. Das Einkommen ist zwar im Vergleich zu früher in einer stabilen Höhe angelangt, aber dennoch sind die einzelnen Monate einfach zu lang. Der von ihm erhoffte Lebensstandard den andere haben, und den er auch genießen will, liegt eben deutlich oberhalb seines Budgets. Dass ihn seine Familie immer wieder darauf hinweist, nervt ihn gewaltig. Es will ihm ja niemand etwas Böses, sondern weist ihn eben nur freundlich auf das, hin was nicht zusammenpasst. Er sieht das aber nicht so, wie es tatsächlich gemeint ist, sondern interpretiert das als Einmischung in seine Privatsphäre und eine Art von Bevormundung. Und so hat er wieder einmal mehr einen guten Grund Streit vom Zaun zu brechen. Er beginnt also wiederholt sein altes Spiel und versucht innerhalb der

Familie gespaltene Lager zu schaffen damit er einen Nutzen daraus ziehen kann. Was als Erstes passiert ist dass er zu Feiern, die stattfinden nicht mehr eingeladen wird. Hier hat man dann zwar einen Tag Ruhe vor ihm aber im Sinne aller Anwesenden, ist sein Fernbleiben dann doch nicht. Es knirscht innerhalb der Familie und es scheint so, als ob er sein Ziel wieder einmal erreichen würde. Mit sich immer wiederholenden kleinen Sticheleien schafft er es dann, wieder eines der Familienmitglieder auf seine Seite zu ziehen. Und es ist diesmal wieder dieselbe Person die er schon einige Jahre zuvor für sich gewinnen und beeinflussen konnte. Und gemeinsam hetzen und Streit anzetteln geht eben wesentlich einfacher als sich alleine abmühen müssen. Die perfide Art in seiner Persönlichkeitsstörung hatte also wieder die Regentschaft übernommen. Er sah das natürlich nicht so und bemerkte nicht, dass es seinetwegen

Streit und Unruhe gab. Aber daraus resultierte natürlich dass bei folgenden Feierlichkeiten oder zwanglosen Treffen nun zwei Personen des Familienclans ständig fehlten. Vier der insgesamt fünf Nichten und Neffen distanzierten sich sofort komplett von Schorsch und seinem neuen Meinungsgefährten. Problematisch daran war eben auch, dass nun einer der fünf bisher wie Pech und Schwefel zusammensitzenden jungen Generation hierdurch aus dem Kreis ausgeschlossen war. Das verstärkte die langsam durchbrechende Abscheu gegen dieses Verhalten von Schorsch so sehr, dass offen gesagt wurde, dass es niemals mehr eine Versöhnung geben wird. Und das genau dort wo es über Jahrzehnte hinweg einen bedingungslosen Zusammenhalt gab. Dass nun aber plötzlich niemand von den anderen mehr mit Schorsch reden wollte und jeden Kontakt mit ihm abgebrochen hat, das verstand er einfach nicht. Da die Einsamkeit jetzt noch schlimmer wurde und er wie ein Terrier in seinen eigenen Wänden umherirrte, ging es gerade so weiter. Wenn schon in der eigenen Familie keiner mehr mit ihm redet und er vollkommen ahnungslos ist warum das passierte, dann darf es auch ruhig sonst jeder wissen. Ihm fällt als nichts anderes ein als in der Öffentlichkeit zu erzählen, dass er von seiner ganzen Familie gehasst wird und es hierfür keinerlei nachvollziehbare Gründe gibt. Und genau deswegen werden einzelne Familienmitglieder unabhängig voneinander jetzt auf der Straße angesprochen und gefragt was Sie denn mit dem armen Schorsch angestellt haben. Dass den Leuten der wahre Sachverhalt erzählt wird, erschien auch nachvollziehbar, nur war das wieder eine Wahrheit, die nicht mit der von Schorsch und dessen Interpretation übereinstimmte. Als Folge davon waren öffentliche Auftritte von Schorsch nicht mehr so erfolgreich wie in früheren Jahren. Das Licht des

Mittelpunkts, in dem er sich zumindest zeitweise sonnen konnte, war erloschen. Da nichts mehr half, wurden nun die öffentlichen Auftritte immer weniger. Auch war seine Gesundheit nicht mehr die beste. Wie das nun in Zukunft weitergehen würde, kann niemand sagen. Es ist jedenfalls sehr schade dass aufgrund einer krankhaften Persönlichkeitsstörung, wie der eines Narzissten alles zugrunde gehen kann. Der Teufelskreis schließt sich und niemand ist da, um diesen zu durchbrechen. Und gleichgültig ob es sich um Schorsch handelt oder eine Person anderen Namens oder Geschlechts. Diese Personen enden einsam und alleine ohne Aussicht auf Hilfe.

## Schlusswort

Diese Geschichte ist frei erfunden und Ähnlichkeiten mit lebenden Personen wären rein zufällig. Die narzisstische Persönlichkeitsstörung selbst hat aber solche oder ähnliche Züge und man selbst ist machtlos, falls man jemanden kennt, der davon betroffen ist.

# Impressum

© 2019 Tritschler, Joachim
Herstellung und Verlag: BoD – Books on Demand, Norderstedt
ISBN: 9783735777874

kontakt@joachim-tritschler.de
www.joachim-tritschler.de